En busca de un sueño

José Antonio Morante

EDICIONES
Alhambra

1

Tener hijos no lo convierte a uno en padre, del mismo modo en que tener un piano no lo vuelve pianista.

Michael Levine,
(1908-1986)
Novelista e intelectual francesa

Quiero dar gracias a Dios, por permitirme escribir éste libro y dedicárselo a mi familia, mis padres, hermanos, sobrinos y sobre todo a mis hijos José Daniel, Claudia, Lucia, Isabel María, que me hacen sentir el hombre más dichoso de la tierra.

"Educad a los niños y no será necesario castigar a los hombres"
Pitágoras

Prólogo ❀

No hay un sueño que se pueda resistir, ni personas que lo puedan impedir. Todo ser humano vive en busca de sus metas y objetivos. Cada sueño es individual, cada logro es personal pero si no es compartido carece de sentido y de valor.

Todo logro debe ser compartido, debemos encontrar en nuestra familia principalmente nuestra fuente de energía que nos impulse a lograr nuestras inquietudes. Aquellas personas que nos guiaron y condujeron con sus valores, con sus quehaceres, con su ejemplo y su sabiduría deben ser recompensados con cada meta conseguida.

La familia es el centro de todas las emociones, de ahí parte toda iniciativa, surgen todos los "porqués" y nos proporciona la responsabilidad de superarse ante cada adversidad.

A lo largo de nuestra vida nos da lugar a interpretar cada uno de nuestros sueños, así como aquellos de nuestras personas amadas, siempre con un pensamiento positivo y de reconocimiento.

No debemos pararnos ni un solo instante en aquello perdido o no conseguido y sí mirar con determinación por aquello que merezca su dedicación.

En cualquier sueño, la desesperación debe ser pasajera, la paciencia y la constancia serán compañeras de viaje. Creo que no debemos de parar de soñar, no debemos de dejar de interpretar la vida a nuestro antojo, no debemos dejar de dar y recibir felicidad.

De padres a hijos, de docentes a alumnos se debe facilitar el tránsito por la vida. La experiencia y el afecto siempre superará a la inteligencia en cualquier relación humana.

Si amas la vida, amas a los tuyos, busca tu sueño y compártelo.

Francisco Lozano
Director de la escuela deportiva
Ciudad de Granada

Introducción ❀

Al escribir éste libro, lo primero que pensé fue en mis hijos y en los hijos de todos los padres del mundo, esta narración que vais a leer, es en cierta forma el grito de muchos niños y jóvenes adolescentes a los cuales no se les presta la atención que necesitan.

Solo quiero ver a niños felices, llenos de sonrisas y a padres responsables disfrutando junto a sus hijos, de todas las experiencias inolvidables que se pueden dar en un hogar funcional, pero eso solo se consigue dando atención, porque al hacerlo los estamos cuidando y por consiguiente amando y ese es el principio de todo .

"Para la infancia no es adecuado cualquier tipo de sociedad, cualquier tipo de familia, cualquier tipo de relación, cualquier tipo de escuela, etc. sino aquéllas que le permiten encontrar respuestas a sus necesidades más básicas.

El discurso de las necesidades es hoy especialmente necesario, porque no todos los cambios sociales que se están dando en la estructura familiar y en la relación padres e hijos están libres de riesgos para los menores".

Ser padre no es fácil, nadie nos prepara para ello. Yo comparo a un hijo con una rueda que va avanzando en el tiempo generación tras generación y va siguiendo la estela de la primera rodada, así que somos la base donde se fundamentarán los que nos seguirán.

Los padres fueron niños antes y los niños serán padres mañana, es por ello, que todo lo que se aprende de pequeño es de suma importancia para que los niños crezcan con la confianza y la seguridad que se necesitan para afrontar las miles de batallas que se presentan en nuestras vidas.

No podemos crear una familia por crearla simplemente, ni para que los demás lo vean como un triunfo, una familia no es un triunfo , es una obligación y debemos de ocuparnos de ella, como si fuera las empresa más importante que tendremos en nuestra vida, pues la felicidad del ser humano, se fundamenta sobre todo en el hogar con todo lo que conlleva.

Tenemos que hacer algo, es más, estamos obligados a hacer algo, la necesidad más importante del ser humano es la de ser atendidos, escuchados y no podemos permitir lo que está pasando a nuestro alrededor, los niños, nuestros niños, se están criando solos, los padres siempre trabajando y ellos con la única compañía de un celular, una computadora, sin apenas contacto con los padres, expuestos en las redes sociales a que cualquier depredador sexual o delincuente, pueda tenerlos como presa fácil y en muchas ocasiones culpando a sus maestros de su fracaso escolar, así como cuando aparecen conflictos con sus amigos y compañeros de clase .

No se puede educar ni guiar a un hijo con solo diez o quince minutos al dia, algo tan importante necesita más calidad-tiempo, donde se enseñen los valores que todos necesitamos dentro un clima donde la palabra predominante sea *amor.*

Sabemos que todos nosotros, fuimos padres sin pasar un curso, digo esto, porque si para poder conducir o manejar un auto, nos hacen pasar pruebas prácticas y teóricas, para ser padre se debería pasar un curso, donde se nos explicara la importancia que tiene traer a un hijo al mundo y las responsabilidades que conlleva.

El personaje que narra ésta historia, bien podría ser cualquiera de los que ya somos padres o cualquiera de nuestros hijos el dia de mañana.

La idea de narrarla en forma de cuento, tiene un mensaje muy claro y es simplemente que quién tenga éste libro en sus manos, pueda leerlo junto a sus hijos, para que a través de la lectura aprendan juntos.

En busca de un sueño

𝓗ace muchos sueños, vivía en una pequeña aldea un carpintero con su familia, él era una persona seria que le costaba esbozar una sonrisa, estaba tan obsesionado con su trabajo, que cuando caminaba por la calle y la gente lo saludaba nunca respondía, parecía que estaba ausente del lugar.

A pesar de no ser un hombre malvado, Jacinto que así se llamaba el protagonista de ésta historia, no contaba con la simpatía de casi nadie en la aldea por su forma de comportarse.

Leonor y su hijo Víctor se pasaban los días solos sin su compañía, pues siempre estaba encerrado en su carpintería entre maderas y cinceles.

Su única compañía en las largas jornadas de trabajo era Misha, un gato persa que le regaló un echador de cartas en uno de sus viajes.

Jacinto, al final de cada mes salía a las aldeas vecinas para vender lo que fabricaba en su taller y se ausentaba cinco o seis días montado en su carruaje, con la única compañía de su gato Misha y las sillas y muebles que fabricaba.

El pequeño Víctor, iba creciendo sin apenas tener contacto con su padre.

Leonor, que estaba embarazada de su segundo hijo, casi no veía a Jacinto y aunque estaba acostumbrada a verlo todo el día encerrado en su carpintería, en esos momentos lo necesitaba más aún.

Un día, al regresar de uno de sus viajes, entró en la casa y lo primero que dijo fue:

- ¿Que hay para cenar?

- Creo que al menos, podías dar una abrazo a tu hijo y otro para mí – respondió Leonor triste y enojada.

Leonor, era una buena mujer, que abandonó su trabajo como costurera para entregarse en cuerpo y alma a la labor de ser esposa y madre, pero Jacinto no le daba importancia nada más que a sus cosas.

Ella, siempre le estaba diciendo que no era normal su comportamiento, pues una familia se crea para compartir la vida y sus momentos.

- ¿Para qué engendramos otro hijo? Si no te ocupas del que ya tienes - le preguntaba ella casi a diario.

Él, siempre le decía que no se debía de quejar, pues no les faltaba de nada en la despensa de la casa y que muchas mujeres estarían orgullosas de tenerlo como esposo, pues no pasaban hambre ni necesidades como muchos otros aldeanos.

Así pasaban los días y los meses.

Una noche, al terminar de seleccionar las maderas que debía usar al día siguiente y darle de comer a su inseparable Misha, se fue a la cama otra vez sin dar las buenas noches a Leonor y a su hijo Víctor ya que como siempre estaban dormidos.

Pero esa noche algo ocurrió que lo hizo despertar sobresaltado y salir corriendo a la calle para tomar aire, ya que había tenido un sueño horrible y tenía las manos y la frente llenas de sudor.

Al amanecer se levantó con el canto del gallo y no le dio mucha importancia al sueño que lo sobresaltó. Se pasó otro día más encerrado en su taller, sin articular palabra con nadie, salvo con su inseparable gato que le hacía hablar cuando se acercaba y le pasaba la cola por entre sus botas para que le diera de comer.

Al terminar la jornada, de nuevo se fue a dormir solo y sin hablar con nadie y otra vez se despertó de madrugada temblando y sudoroso.

Esa noche ya no pudo volver a dormir, pues no entendía por qué tenía esos sueños tan horribles.

Al amanecer un vendedor llegó hasta su casa y el sonido de la campana hizo a Jacinto salir de la carpintería.

- Buenos días aldeano - le dijo el vendedor

Él, cerró su puerta y el vendedor siguió tocando su campana, Jacinto volvió a salir y le recriminó para que se fuera .

El vendedor le dijo:

- Buenos días señor, creo que no está de más saludar a las personas que nos encontramos, no quiero molestar, solo pretendo vender mi miel

Jacinto le dijo con voz ruda:

- La encargada de comprar no está en la casa, así que márchese y déjeme en paz.

El vendedor se fue apesadumbrado por la poca actitud y el mal comportamiento del gruñón Jacinto.

Pasó una semana hasta que el vendedor volvió de nuevo a la aldea y otra vez sonó la campana frente a la casa de Jacinto.

Volvió a salir a la puerta y le volvió a recriminar:

- Otra vez a seguir molestando, ya le dije que es mi esposa la que se encarga de comprar y ella está en el rio lavando ropa, además yo no quiero su miel.

El vendedor le dijo: - Disculpe señor, ¿quién le dijo a usted que hoy traigo miel?.

- Eso vendía la vez anterior — contestó Jacinto enojado - asi que márchese, ya le dije que yo no compro nada. El vendedor se fue otra vez apesadumbrado ante el comportamiento del aldeano sin dejarlo que le enseñara lo que vendía en ésta ocasión.

Pasó un rato y llegaron a la casa Leonor y su hijo y Jacinto con su voz ruda dijo:

- Leonor, ven ahora mismo

La sufrida mujer llego hasta la carpintería y le dijo:

- ¿Tú piensas que voy a aguantar eternamente tu mala educación?.

¿Piensas que yo soy un trozo de madera?

Deberías de sentarte en un rincón y ocuparte de ti mismo, algún día te arrepentirás y será demasiado tarde, apenas hablamos y a tu hijo hace tiempo que no le dedicas ni un minuto para jugar y hablar con él. Yo, no te reconozco, ni me casé contigo solo para que trabajaras y no me dieras ni un segundo de tu tiempo, no sé donde está tu compromiso en ésta familia.

Después de escuchar Jacinto a la sufrida Leonor, la miró cabizbajo, como hacía mucho tiempo que no se le veía y dijo.

- Amada esposa, no sé qué me está pasando, pero llevo unos días que me despierto de madrugada sudoroso y temblando por un sueño horrible.

"En la vida no hay mayor empresa que la familia, muchos de nosotros vivimos tan obsesionados en adquirir mejor nivel económico, que olvidamos lo que de verdad nos debería hacer felices".

Leonor lo escuchaba atentamente y le dijo:

- Lo de amada esposa no se dice, se demuestra, ya que el amor no son dichos, si no hechos, pero dime que es lo que sueñas que tanto te preocupa.

Jacinto le respondió:

- Me veo en un desierto inmenso, un sol de castigo me achicharra, no veo a nadie a mi alrededor, de repente me pongo a gritar y nadie me escucha, entonces una sombra negra se cierne sobre mi cabeza y me persigue hasta que llego corriendo y exhausto a un precipicio y ahí es cuando me despierto.

Leonor lo escuchó atentamente y con un gesto ligero de hombros no supo que contestar.

Entonces lo miró y se levantó de una silla que estaba acabando Jacinto, lo abrazó y seguidamente le acarició su cabello canoso y le dijo:

- Amado esposo, quizá sea lo solitario y falto de cariño que has hecho que sean estos años para todos, puede ser una señal, a veces Dios nos manda señales y muchas veces no les hacemos caso ni le prestamos atención.

Jacinto la miró y casi sin poder articular palabra le dijo:

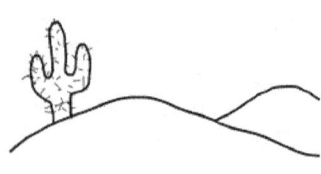

- Yo pasé una infancia horrible, llena de carencias afectivas, solo recuerdo los gritos de mi padre tanto como su ausencia después de morir mi madre, es posible que eso me haya convertido en la persona que soy.

Leonor lo miró y le dijo:

- Amado esposo, solo creo que necesitas más tiempo con nuestro hijo y conmigo y todo volverá a la normalidad, el dinero nunca será más importante que el amor de un hogar.

Jacinto se levantó y dijo:

- Está bien, ahora voy a preparar el trabajo de mañana, déjame organizar las cosas.

Jacinto se quedó en el taller, al irse Leonor, observó que la silla donde ella se había sentado su esposa estaba sin terminar y sin acordarse de las palabras que unos minutos antes le dijo, se dispuso a terminarla dándole de nuevo bien entrada la madrugada.

La mañana siguiente fue más tranquila ya que no hubo ningún sueño que le hiciera despertar al gruñón de Jacinto.

Se levantó bien temprano y empezó a preparar su carruaje para irse a vender por las aldeas.

Estaba tan obsesionado con no llegar con retraso que otra vez se marchó sin darle unos minutos a su familia.

"Cuando nos hablan y no escuchamos es imposible entender ni aprender ".

Jacinto se fue sin saber que su viaje, sería el más largo de su vida.

Al pasar por tres aldeas, toda la mercancía que llevaba consigo se vendió y él estaba feliz con su éxito.

Llevaba la bolsa llena de monedas y sin parar se dirigió a una aldea lejana a comprar más madera ya que toda la que tenía almacenada la había utilizado en sus sillas, mesas, etc.

Compró un poco de comida y llenó dos vasijas de agua y se marchó del lugar, al cabo de unas horas se detuvo en un pequeño llano que había en el camino y encendió una hoguera para pasar la noche.

Jacinto se quedó dormido entre el calor del fuego, junto a su inseparable Misha.

De repente una tormenta horrible se desató justo encima del llano donde estaba acampado Jacinto.

La lluvia era tan fuerte que en unos minutos el carruaje empezó a moverse, Jacinto se despertó sobresaltado y se subió rápidamente al carruaje observando que sus dos caballos tordos habían desaparecido, era tan fuerte la lluvia, que en unos minutos más estaba navegando por un rio a una velocidad endiablada, Misha estaba tan asustado

"Cuando salimos del hogar, nadie nos garantiza que volveremos".

que se resguardó dentro de la chaqueta de su inseparable amigo y así navegaron durante horas hasta llegar a un lago muy lejos del llano en donde acamparon.

Era tan bueno como carpintero que el carruaje no se hundió y perfectamente pudo navegar sin ningún tipo de problema.

Como no tenían remos, se quedaron a merced del suave viento que los hacia ir muy despacio.

Jacinto se acordó entonces de su familia y los ojos se le llenaron de lágrimas, cosa que hacía muchos años que no le ocurría.

Al mirar a lo lejos vio un pequeño hilo de humo que serpenteaba en el aire y empezó a gritar.

Al pasar unos minutos vio como una pequeña canoa se dirigía a su encuentro.

Se puso contento porque sabía que pronto llegaría a la orilla y podría poner rumbo a su hogar de nuevo.

La canoa llegó hasta el carruaje, él les sonrió y les dijo:

- Hola, gracias a Dios que han venido a rescatarme pensaba que iba a morir ahogado.

Al mirar a las personas que estaban dentro de la pequeña embarcación, se dio cuenta de que nadie le respondía.

El repetía una y otra vez:

- Hola, Hola, Hola – pero nadie le contestaba

El más anciano de ellos se levantó y le hizo un suave gesto con su mano izquierda, para que se subieran en la pequeña embarcación.

Jacinto se dispuso a subir y agarró a Misha y la bolsa llena de monedas que había ganado por la venta de sus muebles, cuando iba a poner un pie en la embarcación, el más anciano le hizo la señal de alto y señaló a Misha y a la bolsa con un dedo, insinuando que los dos no podían subir a la barca ya que se podían hundir por el peso.

Jacinto lo miró y le dijo que debía llevar a Misha porque era su amigo inseparable y su pequeño saco de monedas, ya que eran las ganancias de muchos días de trabajo.

El señor mayor lo miró y le hizo un gesto de negación.

Así que Jacinto tuvo que decidir entre las dos opciones.

Miró a Misha y puso las monedas en la embarcación y dándole un abrazo a su inseparable amigo lo dejó en el carruaje a la deriva.

La pequeña embarcación, poco a poco se fue alejando del carruaje para acercarse a la orilla. Jacinto seguía hablándoles y ellos no respondían

"Ningún bien material será nunca más importante que un amigo, pues la amistad es un bien que no tiene precio".

nada, al llegar a la orilla le hicieron la señal de que abandonara la pequeña embarcación.

Al bajarse el señor mayor le hizo una señal con la mano derecha y se marcharon.

Jacinto se quedó solo sin saber dónde estaba, en ese momento empezó a gritar pero nadie acudía a su auxilio.

Se acordó del sueño que le llevaba atormentando durante unos días y de las palabras que le dijo su amada Leonor.

De pronto miró al suelo buscando a Misha y recordó que prefirió la bolsa con monedas antes que a su inseparable amigo.

Estaba tan confuso y abatido, que no sabía qué dirección tomar, además el sol estaba fuerte y la calor era insoportable.

Se dirigió a un manantial que había a pocos metros el agua era tan fresca que parecía venir de una montaña, allí sació la sed y se pudo refrescar.

Cuando bebió lo suficiente, comenzó a caminar buscando algún indicio de donde podía estar, a lo lejos vio a un niño cerca de unos árboles y salió corriendo gritando:

- Espera, no te vayas, estoy perdido.

Al llegar a los árboles el niño ya no estaba, pensaba que se estaba volviendo loco y su

desesperación iba en aumento.

Al girar la cabeza vio al niño sentado cerca de un árbol y se acercó ésta vez sigiloso para no ahuyentarlo y le dijo:

- Hola me llamo Jacinto y estoy perdido, no quiero hacerte daño.

- ¿Me puedes decir dónde estoy?.

El niño lo miró y muy bajito le dijo:

- No lo sé, yo también estoy perdido, en verdad desde que yo recuerdo estoy aquí, pero no sé cómo se llama el lugar.

Jacinto se alegró de que alguien lo escuchara y le hablara, pero no entendía que hacia un niño solo en ese lugar y que no supiera como había llegado.

Jacinto le dijo:

- Me acompañas, es posible que aquí haya alguien más que nos pueda dar información de donde estamos.

El niño se incorporó y empezaron a caminar y a hablar.

Jacinto le dijo:

- Sabes, yo tengo un hijo más o menos de tu edad y se llama Victor ¿tú cómo te llamas?.

El niño lo miró sonriendo y le hizo una mueca y encogiendo sus pequeños hombros contestó:

- No sé cómo me llamo, llevo mucho tiempo solo y nunca escuché mi nombre.

Jacinto se quedó perplejo y le dijo:

- Si no te importa te voy a poner un nombre.

¿Te parece que te llames Teodoro? así se llamaba el muñeco de trapo que yo tenía cuando era pequeño el cual era mi mejor amigo.

El niño pasó a llamarse desde ese momento Teodoro. Al ir caminando de pronto se encontraron con un puente elevadizo hecho de madera y en la base del puente estaba el señor mayor que lo recogió de su carruaje.

Jacinto y el niño se acercaron al puente para pasarlo, pero el anciano que lo recogió en el lago le prohibió el paso.

Miró a Jacinto y le señaló sin hablar a ambas manos. Jacinto llevaba en su mano izquierda a su inseparable bolsa repleta de monedas y en la derecha al pequeño Teodoro.

Entonces el anciano le hizo entender mediante gestos que solo podía pasar el niño o el saco de monedas junto con él.

Jacinto miró varias veces a su izquierda y a su derecha, le era dificil elegir hasta que al fin, le dio al anciano la bolsa de monedas para pasar junto a Teodoro.

De repente, el anciano habló y le dijo:

- Has decidido bien, quizá sea el principio del fin.

Jacinto le preguntó:

- ¿El principio de qué ?

El anciano le contestó

- No ha de preguntar quién no sabe escuchar.

Jacinto y Teodoro caminaron juntos de la mano para atravesar el viejo puente y en ese momento de desplomó y los dos cayeron al agua. Ninguno de los dos sabía nadar y el agua empezó a arrastrarlos, Jacinto agarró al niño y antes de empezar a hundirse, lo empujó a la orilla con fuerza y Jacinto se fue hundiendo en las aguas del río .

Por suerte para él, por allí pasaba un habitante de ese lugar, que regresaba todos los días a esa hora a recoger sus redes con los pescados que habían quedado atrapados en ellas, haciendo un esfuerzo enorme lo pudo rescatar de morir ahogado.

El buen samaritano lo llevó a su choza ya que Jacinto estaba casi inconsciente y le dio una infusión de hierbas para que expulsara toda el agua que le quedaba en sus pulmones.

Al pasar unos minutos Jacinto empezó a toser y toser y poco a poco fue recuperando la conciencia.

Al despertar intentó levantarse y casi toca

con la cabeza el techo de la cabaña.

Entonces miró hacia los lados y dijo:

- ¿Dónde estoy?

Frente a él vio a un pequeño hombre con los brazos cruzados.

- ¿Quién eres tú ? preguntó asustado.

El buen samaritano le contestó

- Soy Víncent, pescador de la isla de Oníria y descendiente directo del primer poblador de la misma.

- Isla, ¿que isla? Pregunto sorprendido Jacinto.

- Has de saber que estás en una isla - dijo Vincent.

Jacinto no se podía creer que la tormenta los arrastrara tan lejos y dijo.

- Pero yo necesito volver a mi hogar, mi mujer e hijo han de estar preocupados .

Vincent le respondió:

- No te puedes ir, toda persona que llega a este lugar debe de hablar antes de marcharse con el capataz de la isla.

Jacinto se quedó un segundo en silencio y dijo:

- Yo no voy a ver a nadie, primero necesito encontrar a Teodoro.

- ¿Te refieres al niño que cayó contigo al rio?

"Todo aquel que dice yo soy, es porque no tiene a nadie que le diga tú eres...".

"Si cuando puedes no quieres, quizá cuando quieras no podrás".

preguntó Vincent:

- Si, si, ese mismo, ¿lo ha visto?

Preguntó Jacinto

- Tranquilo él está sano y salvo en la cabaña del capataz , dijo Vincent:

Jacinto se arrastró un poco para poder salir de la cabaña del pequeño hombre, se puso de pie y sacudiéndose los pantalones dijo.

- Está bien lléveme a ver al tal capatáz.

Los dos se pusieron en marcha ya que la aldea donde tenía la cabaña el capataz, estaba un poco lejos.

Después de caminar durante veinte minutos al fin avistaron el humo que salía de la chimenea que tenía la cabaña del capataz.

- ¿Ves aquel humo? Esa es la cabaña del hombre más sabio de la isla, por eso es el capataz

-Dijo Vincent:

Al llegar Vincent tocó la puerta y un chimpancé con un sombrero amarillo que la custodiaba se acercó a Jacinto, le señaló con una rama de roble que llevaba en su mano izquierda, a una pared de musgo de un verde precioso, en la cual, había tres perchas que tenían en la parte superior un nombre escrito en cada una de ellas. En la primera estaba escrita la palabra Rencor, en la segunda Odio y en la tercera Ego .

-¿Qué es lo que quiere el chimpancé Vincent? preguntaba Jacinto sorprendido.

Vincent respondió: – se refiere a que si llevas alguna de esas tres cosas contigo, que te despojes de ellas antes de entrar a la cabaña. Jacinto dijo – no llevo nada y mis monedas me las quitó ese viejo horrible que me prohibia el paso en el puente.

El chimpancé empezó a reírse a carcajadas y quitándose el sombrero amarillo, les dio el permiso para pasar a ver al hombre más sabio de la isla.

Al pasar al interior de la cabaña, Jacinto se quedó encantado con los colores que la adornaban, el capataz estaba al fondo sentado en el suelo sobre una alfombra hermosa de color azul, llevaba una túnica de un blanco inmaculado y tenía en sus manos una especie de sonajeros que balanceaba de arriba a abajo, dejando un sonido hermoso y relajante.

El capataz lo miró y le dijo:

- Siéntate amigo

Jacinto estaba nervioso, aquel hombre imponía respeto tan solo con mirarlo, se sentó frente él y éste le dijo:

"Insultar a quien sientes inferior o diferente te hace ser miserable".

- Mi nombre es Nereo capataz de isla Oniria, ¿que se te ofrece viajero?

Jacinto lo miró nervioso y le contestó:

- Gracias, mi nombre es Jacinto y soy el mejor carpintero que hay en mi aldea y las aldeas vecinas.

- ¡Ahhhh, muy bien! -exclamó Nereo.

- Si, así es, estaba viajando para comprar unas maderas y me atrapó una tormenta que fue tan grande, que se convirtió en un rio y me arrastró hasta aquí - comentó Jacinto.

Nereo lo miró y escuchó atentamente y le dijo:

A veces las tormentas se desatan cuando menos te lo esperas.

Jacinto le dijo:

- Solo quiero que me ayude a regresar a mi hogar.

Nereo se levantó del suelo y añadió:

- Te ha faltado algo mágico.

- ¿Mágico? preguntaba Jacinto.

Nereo lo miró y añadió.

- "Por favor" es tan fácil pedir las cosas por favor querido amigo, que a veces se nos olvida, pero aparte de eso, lo siento mucho pero no te puedo ayudar - dijo Nereo.

- Pero porqué no puede - le dijo Jacinto en tono enojado.

- Porque el único que te puede ayudar a volver a tu hogar eres tú - le dijo Nereo tocándolo en el hombro.

Jacinto se quedó unos segundos callado y le increpó que no lo quisiera ayudar.

Entonces Nereo le dijo:

- Cuando nos perdemos quien nos puede ayudar, somos nosotros mismos, solo hay que pensar que hicimos para llegar a ese lugar, además yo no tengo la culpa de que te hayas perdido, así que nada me has de recriminar.

Jacinto ya se estaba enojando y dijo:

- Está bien, entonces me iré a buscar a alguien que me diga cómo llegar a mi hogar.

- Ya te dije, tú te puedes ayudar - dijo Nereo con voz suave.

- Y cómo hago yo para salir de aquí - se quejaba Jacinto.

Nereo sonrió y dijo en voz amigable.

- Bueno, alguien que es capaz de decir que es el mejor, imagino que podrá hacer cualquier cosa porque ha de ser muy hábil, aunque muchas personas se dedican a ser tan perfeccionistas en sus trabajos, que se olvidan de todo lo demás.

- Yo soy el mejor carpintero de mi aldea y de las aldeas vecinas y para ser el mejor debo de trabajar mucho – decía Jacinto orgulloso.

- Entonces no te puedo ayudar, si eres el mejor significa que tienes poderes, cosa que te debería de hacer autosuficiente como para que puedas salir tu solo de la isla de Oniria – dijo Nereo.

Jacinto lo miró un poco contrariado, el capataz le estaba empezando a caer antipático, aunque sabía que no podía crear ningún conflicto, porque debía ser muy poderoso y podía tener problemas.

Nereo dio una palmada y rápidamente llegó un Arlequín con una bandeja de cobre donde había dos tazas de té caliente, invitó a Jacinto a que se sentara para que compartieran ese momento y aunque en un primer lugar casi se niega, al final aceptó y se tomó la taza de té, al terminar Nereo le hizo una pregunta:

- ¿A parte de fabricar muebles que más haces en tu vida?.

Tengo un pequeño huerto – decía Jacinto.

– donde tengo sembrados, tomates, patatas y lechugas, aunque es mi esposa la que se encarga de eso.

- Ah, ¿tu esposa? preguntó Nereo.

- Si, así es – contestó Jacinto.

– Además tengo un hijo que se llama Víctor y otro que viene en camino.

- Por lo que me dices, Dios te ha bendecido con grandes dones y una hermosa familia – le dijo Nereo.

-Si, así es, tengo una familia – decía Jacinto, mientras miraba como el hombre sabio se encendía una pipa hecha de piedra.

Nereo se fumó su pipa y durante cinco minutos no dijo ni una palabra, tiempo en el que estuvo haciendo círculos con el humo que salía por su boca, al terminar de fumársela, Jacinto estaba un poco mareado , pues no estaba acostumbrado al humo de tabaco.

- ¿Lo que tiene en sus manos es un amuleto? - preguntó Jacinto.

- No exactamente – contestó Nereo – son buscadores de sueños.

- ¿Buscadores de sueños? – Seguía preguntando Jacinto.

- Así es, cuando quiero soñar con algo, primero lo deseo, luego los muevo suavemente y al quedarme dormido voy directamente al sueño que había deseado.

Jacinto se quedó sorprendido y dijo:

- Como me gustaría tener unos de esos, porque últimamente estoy teniendo un sueño que me hace despertar sobresaltado en la madrugada y no sé cómo dejar de soñarlo.

- Quizá sea una señal – decía Nereo mientras se abanicaba con un abanico de color rojo- a veces Dios nos pone señales cuando algo no va bien y muchas veces se nos representan en los sueños, pero no les hacemos caso y no sabemos que los sueños son el lugar donde se conectan, cuerpo, mente y espíritu, pero quien sabe de verdad de sueños es el hombre Maya.

- ¿El hombre Maya?

preguntaba Jacinto entusiasmado.

-Si, el hombre Maya es un abuelo solitario que vive en la pequeña montaña, se dedica a fabricar objetos de piedra, mientras espera según él, a que vengan sus antepasados Mayas en una pirámide voladora a rescatarlo, ya que al parecer, los Mayas siguen existiendo en otro lugar lejano, aunque así lleva muchos años y nadie regresa a por él, pero nunca pierde la esperanza – contestó Nereo.

- ¿Y yo podría conocerlo ? preguntaba Jacinto con los ojos de par en par.

- Quien quiere puede –decía Nereo- solo has de ir a la pequeña montaña y allí lo encontrarás, se llama Kukulkán y va diciendo que es la reencarnación del Dios de la vida y la sabiduría.

Jacinto se levantó de donde estaba sentado

y le dijo a Nereo – voy a encontrarme con él, creo que me será de gran ayuda poder conversar con el hombre Maya.

Salió de la cabaña de Nereo y se dirigió hacia la pequeña montaña, que estaba muy cerca de donde se encontraba la cabaña del capataz, subió el camino que llevaba a la cima y allí vio al fondo una cabaña , en la que se podía observar en cada extremo de la fachada, dos palos altos que tenían en sus extremos una especie de remolinos de muchos colores, parecían un arcoíris.

Pudo observar, que el lugar estaba muy limpio, ni una hoja en el suelo y un fino hilo de humo que salía de la chimenea serpenteando con el suave viento de la montaña , era un lugar hermoso lleno de paz y sosiego.

Se dirigió directamente a la entrada y tocó una campana que había en la misma, al pasar unos segundos nadie contestaba, volvió a tocar la campana y una voz desde el interior dijo.

-Pasa adelante, las puertas de mi hogar están abiertas para quien necesita algo de mi.

Jacinto abrió la puerta y entró en la cabaña y allí estaba Kukalkán con una barba blanca que casi le llegaba al pecho, sentado al fondo sobre una alfombra que era lo único que había en el interior,

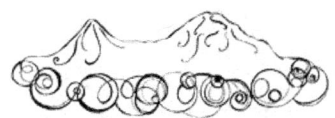

junto a una especie de cama hecha de hojas de los árboles de la montaña y un espejo que colgaba de la pared , Jacinto se quedó sorprendido por la manera en la que vivía el hombre Maya.

Kukulkán le dijo:

-Como ves vivo de forma humilde, pero la verdad no necesito nada más, el dia que vengan a por mi, nada me podré llevar, los lugares no se ocupan, los lugares se llenan, pero no de cosas materiales, sino con el alma, así deberían de ser todos los hogares del mundo.

Jacinto se quedó callado, el hombre Maya le había dado una lección de humildad que nunca olvidaría.

- Que necesitas viajero, supongo que el que estés aquí no es una mera casualidad .

- Decía Kukalkán.

Jacinto le dijo con la voz temblorosa -Mi nombre es Jacinto, soy carpintero, el mejor del lugar de donde vengo, una aldea lejana, acampé para pasar la noche ya que me dirigía a comprar madera para mi carpintería y de pronto una tormenta gigantesca, arrastró mi carruaje y fuimos a parar aquí, fue horrible, pensé que iba a morir, necesito saber cómo puedo volver a mi aldea, le pedí ayuda al capataz de la isla y éste me dijo que no me puede ayudar, que solo yo puedo hacerlo, al estar hablando con él y tomándonos una taza de té vi que tenía una especie de amuleto entre las manos, que balanceaba de arriba abajo y me dijo que eran buscadores de sueños, yo le comenté que tengo un sueño que se me repite casi a diario y me dijo que usted sabía mucho de sueños, esa es la razón por la cual estoy aquí.

-Que interesante tu historia- decía Kukalkán - los sueños son más importantes de lo que creen las personas, pero para que puedan revelarnos cosas importantes se debe de soñar con el alma limpia -¿El alma limpia?– preguntó Jacinto pensativo -Así es amigo– decía Kukalkán- se debe de aplicar la teoría de los espejos.

-No entiendo que tienen que ver los espejos – decía Jacinto mientras se acariciaba el cabello.

El hombre Maya le dijo que se sentara junto a él frente al espejo para explicarle su teoría.

Se sentaron en el suelo frente al espejo y Kukalkán le preguntó:

- ¿Para qué sirve un espejo? -Pues para mirarse en el – contestó Jacinto - ¿Solo mirarse ? – volvió a preguntar Kukulkán- qué sentido tendría mirarse y no reflejar algo hermoso sería una pérdida de tiempo y una tristeza continua

para quién nos mira, amigo viajero, todos los seres humanos somos espejos, nosotros reflejamos y otros nos reflejan , cuando el comportamiento en nuestras vidas no es el correcto no se puede reflejar nada bueno y contaminaremos a los demás con nuestra imagen.

Jacinto lo escuchaba muy atento.

- No hay nada más triste que al mirarte en un espejo nada bueno refleje, a la larga seguro que será lo que reflejen quienes nos miren, si tú tienes un amigo y lo tratas con cariño, ese será el reflejo que tú le darás y el que emita tu amigo también pues se mirará en ti, si tienes un hijo y no eres un buen padre, tu hijo tampoco lo será el dia de mañana, pues reflejará lo que tú le reflejaste, dar ejemplo al prójimo no es la mejor manera para que nos respeten, es la única, recuerda que lo que tú des, se te dará de vuelta y asi mismo pasa en los sueños.

Jacinto se quedó perplejo ante la filosófica explicación del hombre Maya que le siguió diciendo - debemos amar a los demás pues seremos amados, debemos ser humildes pues recibiremos humildad, debemos desterrar el ego pues el ego nos destruirá, solo así alcanzaremos la balanza que nos haga ser personas correctas.

Jacinto se quedó callado y dos lágrimas le salieron del alma, el hombre Maya le hizo darse cuenta que no estaba siendo ni buen esposo, ni buen padre, ni buena persona con quien se acercaba a él.

Entonces le dijo a Kukulkán: - necesito volver a mi casa, necesito abrazar a mi esposa e hijo y debo de hacerlo pronto antes de que sea demasiado tarde.

El hombre Maya lo escuchó atentamente, como se debe de escuchar a las personas que nos hablan y se dio cuenta de que ya se estaba preparando para el cambio más importante de su vida, el cual lo llevaría de regreso a su casa.

- Está bien, ahora debes de volver a la aldea del capataz y él te dirá como puedes regresar – decía Kukulkán.

Jacinto movió sus hombros extrañado, porque unas horas antes Nereo le dijo que no lo podía ayudar, pero Jacinto de despidió del hombre Maya que tanto le enseñó en tan poco tiempo y agradeciéndoselo con un fuerte abrazo se despidió de él y fue descendiendo por la pequeña montaña para encontrarse con el capataz.

– ¿Como te fue?.

Le preguntaba Nereo que lo estaba

esperando en la puerta de su cabaña, fumando de su pipa de la sabiduría junto a su amigo chimpancé.

- He aprendido que estoy viviendo de forma equivocada, donde lo más importante es a lo que menos tiempo dedico, por eso te pido por favor que me digas por donde puedo regresar a mi hogar Kukulkán me dijo que usted me lo diría.

- Ya te lo dije, el único que puede ayudarte eres tú mismo.

- Eso me lo dijo anteriormente y ya le dije que yo no sé el camino.

- Querido amigo, la única forma para volver es poner en práctica lo que has aprendido en este lugar, pero para eso debes de despertar.

- Cómo que despertar?.

- Gritó contrariado Jacinto.

- Querido amigo, estás soñando, es más, estás atrapado en un sueño, todas las personas que se pierden en su vida por cualquier mala conducta, también se pierden en sus sueños y casi todos llegan aquí a que les ayudemos a volver y le demos consejos.

Así que la única forma de salir de aquí, será que despiertes, pero para ello, debes de buscar un sueño dentro de éste en el que te encuentras, que te haga cambiar de actitud ante la vida, que te ayude a perdonar capítulos pasados y te de la sabiduría para no seguir cometiendo errores, recuerda que las enseñanzas no se aprenden si no se ponen en práctica - le explicó Nereo con su templanza de siempre.

Jacinto se levantó de donde estaba sentado y le dijo:

- Y tú crees que sabes todo de mi para decirme que he de hacer, si apenas me conoces.

- Jajajaja - se rió Nereo.

Jacinto resopló.

- Sabes que te digo, que yo no estoy soñando y buscaré la forma de volver a mi casa.

Nereo se volvió a reir y dijo:

- Está bien, buena suerte, ahora sal de mi cabaña se acabó tu tiempo.

Jacinto salió enojado y murmurando antes de cruzar la puerta, le dijo Nereo.

- Pronto olvidaste al pequeño Teodoro.

Jacinto volvió la cabeza rápidamente.

- Dios mio, es cierto donde está el niño? Nereo le respondió.

- El niño no está, se fue hace mucho tiempo lo que quedó del niño eres tú, un hombre que creció solo, arisco y con rencor, que camina por la vida de una forma equivocada.

Jacinto le gritó:

- Deja de decir tonterías, Teodoro no soy yo,

- Nereo le dijo:

- Quiero hacerte un regalo

Jacinto le contestó:

- Que regalo me quieres hacer?

- Quiero llevarte a tu infancia - contestó Nereo.

-Jajajaja ahora resulta que también retrocedes en el tiempo - se burló Jacinto.

Nereo tomó de nuevo sus sonajeros y empezó a balancearlos y le dijo a Jacinto.

- Tómalos y agítalos de arriba a abajo por favor pensando lo que quieres soñar.

Jacinto los sujetó mirando fijamente a Nereo con cara de incredulidad, de pronto comenzó a moverlos y en unos segundos se vieron en otro lugar.

Jacinto no se lo podía creer y dijo.

- No puede ser, ésta es la aldea en la que nací, ¿ves a ese niño que está sentado bajo el árbol con un muñeco de trapo? soy yo de pequeño, siempre estaba solo.

En ese momento Jacinto se empezó a emocionar, siguió mirando a su alrededor y de pronto vio a alguien que le hizo emocionarse de una forma estremecedora.

- Esa mujer de allí es mi mamá por Dios, mamá, mamá, soy yo.

Entonces Nereo le dijo:

- Ella no te escucha, no lo sigas intentando recuerda que estás en un sueño regresivo, solo nosotros podemos verlo.

Jacinto entre lágrimas decía:

- Pero yo quiero abrazarla, se murió cuando era joven.

Se sentó en una piedra y no paraba de llorar, Nereo le puso la mano en el hombro y le dijo:

- Sé que es duro, pero siempre estuvo en tu subconsciente y no la buscaste, quizá la culpas de que os dejó solos a ti y a tus hermanos y sufristeis mucha soledad, porque tu papà siempre estaba fuera de casa.

Pero ella no decidió morirse, se fue porque se le acabó su tiempo, pero quiero que sepas que nadie muere mientras se le recuerda, pues el recuerdo es el que mantiene vivo todo lo que nos pasa en nuestras vidas.

Eso si, también tiene su riesgo , si usas el recuerdo para que no muera lo malo, sufrirás de un mal terrible que se llama *rencor* y ese mal hace desgraciados a quienes lo sufren.

Jacinto se puso de pié y le decía a Nereo:

- Esto es muy triste para mi, por favor necesito ir a mi casa con mi familia.

Nereo le dijo:

- Lo siento pero antes de que puedas volver, debes de buscar las tres fuentes mágicas.

- ¿Mágicas? preguntó Jacinto extrañado una vez más.

- Si amigo las fuentes mágicas son las tres virtudes más importantes que puede tener un ser humano y son; el perdón, la humildad, el amor hacia los demás. Si quieres salir de éste sueño debes de buscar el camino que te de las pautas correctas para que en tu conciencia todo sea diferente y puedas tener una vida que te haga feliz, pues viviendo de la manera que vives, demuestras no haber perdonado lo que tanto te hizo sufrir de pequeño, haciendo que no trates bien a las personas que se cruzan en tu camino y no ames correctamente a nadie, una familia querido amigo no solo se alimenta por la boca, ni llenando la despensa, se alimenta con el alma.

Jacinto lo miraba y le dijo

- Yo soy bueno, siempre estoy trabajando

Nereo lo miro y volviendo a poner su mano en el hombro de Jacinto le dijo:

- A veces, no nos damos cuenta de que nos

equivocamos aunque pensemos que estamos actuando bien, creo que no sabes que el mejor trabajo y empresa es la familia, que el dinero es necesario, pero nunca más importante que ocuparte de lo que tú has creado junto a la persona que tú elegiste, deja ir el pasado, duérmelo y déjalo que descanse.

- Y como se hace, ayúdame - replicaba Jacinto

Nereo le agarró de las manos y le dijo:

- Deja que tu alma despierte, está dormida, dale valor a lo que de verdad lo tiene, debes de humanizarte querido amigo, el ser humano no puede ir contra de los de su especie, sino con ellos, pues juntos y con amor se puede ganar cualquier batalla que se presente, solo así encontraras las fuentes.

Nereo lo abrazó y le dijo:

- Has de irte el tiempo se acaba y debes de encontrar las fuentes mágicas, recuerda que nada es eterno y los sueños tampoco.

- Mira Jacinto, Dios nos creó tan perfectos que todo está diseñado para que podamos encontrar la paz y el sosiego que necesitamos para ser felices.

Jacinto lo escuchaba atentamente.

- Al crearnos - le decía Nereo - nos dio dos manos para trabajar y dar abrazos.

- Nos dio dos piernas para caminar y desplazarnos a otros lugares.

- Nos dio dos ojos para poder observar todas las cosas hermosas.

- Nos dio dos orejas para escuchar a los demás.

- Nos dio una boca para poder alimentarnos y comunicarnos.

- Nos dio una nariz para poder oler y respirar.

- Nos dio un corazón para amar .

- Nos dio el alma para tener sentimientos preciosos hacia los demás.

- Con todas estas cosas , tienes las herramientas para poder tener una vida hermosa, pero tu alma está dormida, ve y busca el lado hermoso de las cosas.

Jacinto asintió con la cabeza y dándole un abrazo se despidió de él, con la sensación de que quizá, sería la última vez que lo viera.

La isla Oniria, no es una isla demasiado grande si sabes por dónde ir, pero si te equivocas de camino puedes perderte y caminar dia tras dia y noche tras noche sin encontrar el lugar correcto, porque se convierte en un verdadero laberinto, como pasa en la vida real.

Al marcharse Jacinto, Vincent le dijo a Nereo:

- Maestro me gustaría acompañarlo, lo veo

demasiado perdido y creo que se merece una oportunidad. Nereo lo miró y le dijo:

- Ve, pero déjalo que tome las decisiones y no interfieras en ellas, el alumno debe de aprender la lección.

Vincent preparó sus cosas y salió rápido en busca de Jacinto.

Jacinto empezó a caminar en busca de esas fuentes de las que tanto le había hablado Nereo.

Al pasar unas horas de pronto avistó a lo lejos a un zorro grande con unos colmillos enormes, el zorro al percatarse de su presencia - los animales tienen mejor olfato que los seres humanos - se fue acercando a él sigilosamente, Jacinto no sabía qué hacer, el zorro lo olfateaba y cuando se estaba acercando, Jacinto le dijo:

- ¡Por favor no me comas!

Se puso las manos en la cara pensando que iba a ser devorado por las fauces del zorro.

De pronto notó como el zorro se acercó tanto, que las piernas le empezaron a temblar, pero no pasaba nada.

Jacinto se quitó las manos de la cabeza, extrañado de que no lo estuviera devorando y al abrir los ojos vio al zorro frente a él moviendo la cola.

Jacinto empezó a andar a su lado izquierdo

"A veces lo que parece más fiero puede ser lo más noble, las apariencias engañan".

47

y el zorro lo seguí, luego hizo lo mismo a su lado derecho y lo volvió a seguir , entonces se detuvo y le preguntó al zorro:

- ¿No me vas a devorar?

El zorro lo seguía mirando moviendo la cola y en ése momento Vincent se acercó y al verlo Jacinto le dijo:

- Cuidado Vincent es muy peligroso.

Vincent se echó a reir.

- Jajajaja, querido amigo, los animales no son asesinos, solo cazan para alimentarse, diferente a los humanos que los masacran y los torturan, aunque en el mundo real ya sabemos que la cordura desapareció hace mucho tiempo.

El zorro se acercó a Jacinto y empezó a lamerle las botas y Vincent le dijo:

- Te está diciendo que a partir de éste momento el será tu guardián y tu siervo, ves lo fácil que es ser amable con los demás y sin embargo los humanos lo ponen poco en práctica.

- Tú también eres humano Vincent.

- Decía Jacinto.

- Si - dijo Vincent- pero yo soy de otra dimensión, ya ves que no te dejé morir ahogado, ni te eché de la isla, al contrario, fui amable y te cuidé, eso me enseñaron siempre, respetar y ayudar sin mirar, raza, lengua ni religión, ni siquiera con el mundo animal, tú sin embargo a tu mejor amigo, el que te acompañó años aguantando tus rarezas y siendo siempre fiel, lo abandonaste en tu carruaje por una bolsa de monedas, creo que somos muy diferentes.

Jacinto lo miraba y un poco enfadado le contestó:

- Pero esto es un sueño, yo no sabía que estaba soñando.

- Te equivocas querido amigo - dijo Vincent- los sueños son reflejo de todo lo que uno es, pues si sabes entenderlos conocerás definitivamente a la persona que llevas dentro, todo pensamiento es producto de tu forma de ser, tus ansias, deseos recuerdos y los sueños son pensamientos aunque estén en otra dimensión.

En esos momentos se desató una tormenta horrible los truenos y relámpagos eran tan grandes como el cielo.

El zorro les aulló y les indicó el camino de su madriguera, un árbol centenario que tenía un gran hueco en su tronco, allí se resguardaron hasta que dejó de llover, rápidamente salió el sol, un sol bello y radiante, los tres juntos, Jacinto, Vincent y el Zorro, se pusieron a caminar de nuevo el hambre empezó a hacer que sus barrigas sonaran como si fueran bandas de música, como Vincent era maestro pescador, usó su caña de pescar y la echó a un rio que tenían cerca de ellos, al pasar un rato el hilo empezó a tensarse y era tal la fuerza que hacia el pez que se quedó atrapado que ni con la ayuda de Jacinto podía Vincent dominarlo.

Fue entonces cuando la caña se partió y viendo el zorro que se podía perder la presa se echó al agua y dándole un gran mordisco pudo atraparlo, al intentar llegar a la orilla, un trozo de la caña se clavó en la pata izquierda del zorro, el pobre animal daba unos alaridos enormes por el dolor.

Entre Jacinto y Vincent, sacaron al zorro y al gran pescado, le quitaron la astilla de la pata al amigo zorro, que había tenido un acto de gran nobleza queriendo ayudar a atrapar el pez.

Mientras Vincent se ocupaba de preparar el pez para cocinarlo, Jacinto limpió la herida de su amigo zorro, al terminar de curarla, se quitó su camisa y la rasgó para improvisar un vendaje, cogió unas plantas que servían como desinfectante y cubrió la herida con ellas.

El zorro estaba tan agradecido que empezó a lamerle la cara y las manos, como muestra de gratitud.

Jacinto lo acarició y le dio de comer parte

"Los trabajos y esfuerzos en equipo, son los que te hacen ser grande".

del pescado que juntos habían conseguido.

Jacinto se sentó junto a Vincent y compartieron el resto de la comida, al terminar quiso beber agua y dijo:

- Tengo sed.

- Bebe de la fuente - comentó Vincent.

- ¿ Que fuente? - preguntó Jacinto.

Vincent miró a su derecha y Jacinto le siguió la mirada.

- Dios mio - dijo Jacinto sorprendido.

- Esa fuente, no estaba antes - Jajajaja - se reia Vincent diciendo- esa fuente la creaste tú, ayuda al prójimo y serás recompensado.

Jacinto se levantó emocionado y se dirigió a la fuente, era la fuente más hermosa que jamás había visto, bebió y sació su sed y le dió de beber a Vincent y al zorro, pues en la fuente del amor a los demás, nunca se termina el agua.

Esa fue la primera de las tres fuentes que Nereo le habia dicho que debía de encontrar, aunque nunca la hubiese encontrado, si no hubiese actuado como lo hizo.

Los tres, Jacinto, Vincent y Zorro pasaron la noche al calor del fuego durmiendo plácidamente, era la primera vez que Jacinto dormía tan bien después de mucho tiempo.

"En la vida no siempre se encuentra lo que se busca y no siempre se busca lo que se encuentra, lo importante es caminar por lado correcto y las cosas buenas tarde o temprano irán apareciendo".

A la mañana siguiente, el dia estaba radiante, las flores perfumaban el ambiente y un sin fin de hermosas mariposas revoloteaban por el lugar.

Jacinto le preguntó a Vincent:

- ¿Ahora dónde vamos?.

- No sé - contestó Vincent.

- Nereo me dijo que eran tres fuentes pero no sé por dónde ir - decía Jacinto un poco confuso

- Entonces camina y haz tu propio camino - le decía Vincent mientras apagaba el fuego que los cobijó durante la noche.

Se dieron cuenta que el amigo zorro no podía caminar, así que había que hacer algo para no dejarlo allí con la herida en su maltrecha pata.

Jacinto que era el mejor carpintero, cortó unas ramas de árbol y construyó una especie de carreta sin ruedas que se deslizaba fácilmente en solo unos minutos, subieron a su amigo zorro y continuaron su camino.

Así pasaron el dia hasta que decidieron parar a descansar, encontraron una pequeña aldea de cinco cabañas que estaban construidas formando un figura similar a un círculo, en el centro del lugar una gran mesa rodeada de veinte sillas que eran exactamente la cantidad de personas que vivían en el lugar.

Al llegar un caballo negro azabache, les saludó levantando sus patas delanteras y una muchacha con el cabello largo y dorado como el oro les dio la bienvenida al lugar.

- Hola viajeros - dijo la joven- que se les ofrece por estos lares?.

Jacinto respondió:

- A la paz de Dios aldeana, venimos de lejos, nuestro amigo zorro se hirió en una pata y buscábamos un lugar donde pasar la noche.

La muchacha de cabellos dorados como el oro dijo:

- Son bienvenidos, mi nombre es Alba y soy la delegada de esta pequeña aldea, pasen por favor.

- Yo soy Jacinto, él es Vincent y nuestro amigo Zorro - decía Jacinto agradecido.

Al pasar a la aldea todos los aldeanos, grandes y pequeños salieron a saludar a la pequeña expedición, les ofrecieron agua para lavarse las manos en unas vasijas de barro decoradas con líneas y círculos de colores.

Al terminar cada uno de los aldeanos grandes y pequeños les dieron la mano y les dijeron Prisca una palabra que nunca habían escuchado.

Jacinto le preguntaba a Vincent:

- ¿Que significa Prisca?

- No sé - respondió Vincent - en Oniria hay lugares donde tienen dialectos diferentes, costumbres diferentes, cabellos y piel diferentes, pero todos nos ayudamos y recibimos cordialmente a los demás, todos somos la isla y la isla somos todos.

Alba que estaba escuchando la conversación dijo:

- Prisca, significa que es un honor recibirlos y que estamos contentos de que estén aquí.

Después de esa conversación, todos se sentaron a la mesa para compartir la comida que les estaban preparando, pusieron tres sillas y donde comían veinte comieron veintitrés.

Los aldeanos miraban a los visitantes con gran humildad y respeto, todos eran diferentes, blancos, amarillos, negros, pero todos eran iguales entre ellos, deseosos de que dijeran algo pasaron un rato hasta que Jacinto habló.

- Gracias por habernos recibido de ésta manera, mi nombre es Jacinto, vengo de una aldea muy lejana me quedé dormido y entré en un sueño que me llevó a ésta dimensión y gracias a la ayuda de Vincent y nuestro amigo zorro voy buscando las tres fuentes de las que me habló Nereo, cuando consiga encontrarlas podré volver a despertar y reunirme con mi familia.

Alba respondió - viniendo de Nereo, estamos seguros de que lo conseguirás si haces caso de sus enseñanzas, pero has de tener cuidado con el pájaro verde.

- El pájaro verde ? - preguntó Jacinto.

- Si, el pájaro verde es el mejor amigo de un gigante que vive en una la cueva que está a la salida de Oniria y seguro que te pondrá a prueba antes de que puedas salir de aquí, él es un gigante asustadizo que nunca sale de su cueva, le da miedo el sol, la luna, el viento, el agua, las personas y todo lo que existe y usa a su pájaro verde para engañar a quien entra en la isla y quiere salir de ella, pero si has llegado hasta aquí , significa que ya encontraste la primera fuente mágica, pero todavía te queda mucho camino, respondió Alba.

Después de haber comido, los aldeanos muy amablemente acomodaron a los viajeros en un cobertizo, dándoles mantas y almohadas para que pudieran descansar.

A la mañana siguiente los tres viajeros se despertaron temprano, al amigo zorro su herida empezaba a sanar y ya podía caminar.

Al marchare, todos los aldeanos grandes y pequeños estaban en pie para despedirlos, deseándoles suerte, sobre todo a Jacinto en su búsqueda personal.

Alba, junto a su caballo negro azabache los acompañó una milla en su despedida y les dijo:

- Buena suerte Jacinto, ojalá se cumplan tus sueños. - Gracias Alba - respondió Jacinto visiblemente emocionado.

Como veis nuestro amigo Jacinto, al menos en su sueño empezaba a ser amable y agradecido con los demás .

Pasó media hora y el amigo zorro empezó a ponerse nervioso, cuando de pronto vieron a lo lejos un remolino en el cielo que parecía un tornado, que se dirigía hacia ellos y por supuesto hacia la pequeña aldea .

- Hemos de cambiar de dirección - dijo Vincent, - Estoy de acuerdo amigo, pero debemos de avisar a los aldeanos - le respondía Jacinto.

Los tres se miraron y Vincent comentó:

- Creo que iré yo.

Cosa a la que rápidamente se opuso Jacinto, que dijo:

- No amigo, éste es mi sueño y por mi culpa estáis aquí, seré yo quien corra a avisarlos, vosotros resguardaros debajo de esa roca - señalaba Jacinto con el dedo - será casi imposible que os pueda pasar algo.

"Que fácil es ganarse el cariño de los demás con educación y respeto".

Entonces Jacinto empezó a correr rápido en dirección de la pequeña aldea.

El zorro que era muy listo, sintió en su interior, que su amigo Jacinto no llegaría a tiempo para avisar a los aldeanos y aunque no tenía todavía su herida totalmente curada, salió corriendo como un rayo para ayudar a Jacinto.

Cuando estaba al lado de Jacinto aulló auuuuuuuuuuuu!! y con la cabeza le hacía señas para que subiera a su lomo, Jacinto sin pensarlo dos veces, se montó encima de él y zorro corrió y corrió camino de la aldea.

Al llegar todos los aldeanos, grandes y pequeños, estaban en la mesa empezando el desayuno y cuando Alba se percató de su presencia se levantó de la mesa y dijo:

- ¿Que pasó Jacinto?

- Rápido Alba - contestaba Jacinto con la voz temblorosa - un tornado enorme viene en ésta dirección.

- Bendito Dios, gracias por avisarnos, todos al refugio - gritaba Alba.

Y todos los aldeanos, grandes y pequeños, sus animales, Jacinto y zorro se refugiaron durante cuatro horas, hasta que pasó el temido tornado.

Mientras tanto Vincent no tuvo problemas y

la gran roca resultó ser un refugio muy seguro.

Ya en la aldea los aldeanos más grandes, ésta vez los más pequeños se quedaron en el refugio, salieron a ver el daño que había ocasionado el temido tornado.

Al salir, vieron que prácticamente toda la aldea había quedado destruida.

Cuando vieron el daño causado, todos los aldeanos empezaron a llorar.

Jacinto sentía tanta tristeza y compasión que le dijo a Alba y a los aldeanos grandes y pequeños.

- Tranquilos amigos, yo soy un buen carpintero y os ayudaré a reconstruir las cabañas y os prometo que en unos días con vuestra ayuda todo estará en orden.

- Y yo también os ayudaré - decía Vincent que acababa de llegar.

Hasta el amigo zorro dió un aullido para que supieran todos, que también estaba dispuesto a colaborar.

Así fue, cómo rápidamente y sin perder tiempo prepararon una lista de todo lo que hacía falta para comenzar la reconstrucción de la aldea.

Pasaron horas buscando lo necesario para comenzar la reconstrucción.

Sabemos que cuando ocurre una catástrofe

lo más importante es una buena organización para aligerar la tarea, donde todos son importantes sea cual sea su colaboración.

Se crearon tres grupos, en el primero estaba Vincent, que se encargaría de la limpieza y recogida de escombros.

En el segundo grupo, Alba y zorro serían los que suministrarían los materiales, a los que se iban a encargar de levantar las cabañas.

Y en el tercer grupo estaría como ya os imagináis Jacinto, que elegiría las maderas - un carpintero entiende de maderas - y se encargaría de la colocación junto a varios aldeanos.

Así fue como durante veinticuatro horas sin parar, construyeron las cinco cabañas que el temido tornado destruyó a su paso.

Codo a codo, sudor con sudor, nadie era más listo que nadie, eran un equipo, una familia, no importaba el rango ni edad, no importaba que el de al lado fuera más habilidoso, más fuerte, más lento, nada importaba, lo verdaderamente importante, era cumplir el objetivo de poder reparar el daño que causó el tornado y cada uno de ellos, era una pieza fundamental.

Al terminar con la construcción de las cabañas, todos se juntaron en el centro, grandes y

"Los triunfos individuales, carecen de importancia si no son compartidos"

Francisco Lozano Valdivia

pequeños se fundieron en un abrazo lleno de palabras de reconocimiento de unos a los otros.

Después de los abrazos y gritos de victoria prepararon una gran cena con lo mejor que tenían en la bodega común y pasaron horas cantando y riendo bajo la luz de la luna, que esa noche brillaba aún más bella que otras noches.

Todos comieron tanto que acabaron repletos, pero quizás el que más comió, fue nuestro amigo Jacinto que no pudo contenerse ante los pasteles de fruta, que las aldeanas habían cocinado con primor.

Al levantarse de la mesa dijo:

- Estoy lleno, necesito un poco de más agua.

Alba lo escuchó y le dijo:

- Bebe toda la que quieras de la fuente amigo

- ¿Fuente? - preguntaba Jacinto.

Y entonces Alba giró su cabeza y Jacinto la siguió con la mirada y de repente una fuente de chocolate con un chorro de agua tan grande como un abrazo nació de la nada.

Jacinto se levantó emocionado y bebió de la fuente hasta que su sed sació y repartió trozos de chocolate a grandes y pequeños .

Alba lo miraba sonriente , porque sabía que había encontrado la segunda de las tres fuentes que Nereo le encargó a nuestro amigo Jacinto, la fuente de la Humildad.

Muy cansados grandes y pequeños, se fueron a dormir, ya que a la mañana siguiente nuestros amigos debían de continuar el viaje.

Al amanecer se repitió la escena y todos los aldeanos, grandes y pequeños, despidieron a los tres viajeros deseándoles suerte en su camino.

Y así fue como nuestros amigos se marcharon de la aldea y siguieron caminando en busca del sueño de Jacinto.

Después de haber caminado durante más de cuatro horas Jacinto se detuvo y dijo:

- Vincent, necesito que me digas como puedo salir de aquí.

- Querido amigo, yo no tengo la llave de tu mente - decía Vincent.

Jacinto se sentía cansado y empezaba a dar signos de flaqueza.

- Sé que no tienes la llave de mi mente, aunque estoy seguro de que algo puedes hacer, he aprendido muchas cosas, pero necesito salir de aquí - matizaba Jacinto.

Casi siempre que debemos aprender algo en la vida, creemos que lo podemos hacer en poco tiempo. Cuando se trata de cambiar conductas

"Ser humilde es la más hermosa de las virtudes, porque la humildad es la que te hace ser grande".

"Decía mi abuelo Papaía que el resultado de una buena acción, será siempre una gran bendición".

para mejorar nuestro comportamiento no es tan fácil como parece, todo cambio revolutivo necesita tiempo para implementarse y más cuando se trata de borrar todo lo que nos ha hecho sufrir durante años.

Siguieron caminando durante horas, estaban llegando al punto más alto de la isla, cuando de pronto un enorme sombra les cubrió las cabezas.

Zorro aulló y Jacinto se sujetó fuerte de Vincent muerto de miedo.

- ¿Por Dios eso que es ? - preguntaba Jacinto.

- Es el pájaro verde, del que Alba te comentó que era el mejor amigo del gigante- contesto Vincent.

- Salgamos corriendo por favor, antes de que nos vea - decía Jacinto aterrado.

Vincent lo miró y le dijo:

- No iremos corriendo a ninguna parte, no hay que huir de los sitios, ni de las cosas, si quieres salir de aquí debes de enfrentar a tus miedos - decía Vincent mientras Jacinto temblaba y el color de su cara se tornaba blanco como la nieve.

Siguieron caminando y Jacinto no se separaba del amigo zorro, pensando que éste, lo podría salvar si el pájaro verde los atacaba.

De pronto llegaron al final de un camino y un conejo con gafas de sol les hizo el alto.

- ¿A donde se dirigen viajeros ? - preguntaba el conejo mientras se comía una zanahoria.

Vamos a buscar la salida de Oniria - Contestó Jacinto.

- Mmmmmm y que camino quieres, el de la izquierda o el de la derecha - decía conejo.

- No sé cual es el más rápido y seguro - decía Jacinto mientras se acariciaba la cabeza.

Conejo se acercó y quitándose las gafas de sol le dijo:

- Mira viajero para salir de aquí tienes dos caminos como te he dicho, uno, el de tu izquierda que es un desierto, donde el sol quema de dia y en la noche hace frio, de todos los que han intentado salir de aquí por éste camino, tan solo unos pocos han logrado salir victoriosos, las alimañas y los escorpiones atacan por sorpresa.

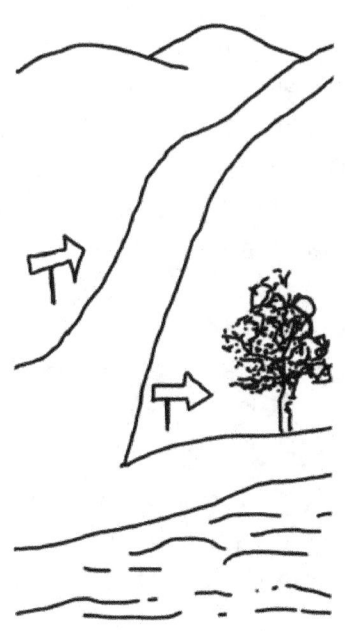

El otro, el de tu derecha es un rio con grandes saltos de agua y pirañas con los dientes tan grandes que pueden devorarte de un solo mordisco y casi nadie de los que han intentado atravesarlo ha salido con vida, creo que solo uno, pero le llaman el cojo, porque las pirañas le comieron una pierna.

- Cual eliges? - preguntaba conejo, mientras se comía otra zanahoria.

Jacinto , con los ojos como platos y sudoroso

dijo - Yo no sé nadar, podría intentar hacer una barca con grandes troncos y así tener más posibilidades, pero me llevaría tiempo y el desierto tampoco me gusta mucho, sufro de ansiedad cuando pienso en escorpiones, pero como Vincent y zorro van conmigo, creo que me decanto por el desierto.

El conejo con la zanahoria entre sus dientes matizó; - Y quien te ha dicho a ti que te acompañarán, desgraciadamente ellos no pueden atravesar estos límites.

Jacinto se abrazó a Vincent y zorro y empezó a llorar, él sabía que si lo dejaban solo seguramente no podría llegar a salir de allí, su inseguridad y miedos hacían muy dificil que todo saliera bien.

Vincent lo miró y le dijo:

- Amigo Jacinto, este es el momento de liberarte de todo lo que durante años te ha tenido prisionero, tus angustias, tus miedos, tus rencores, todo eso han hecho de ti un hombre vulnerable que se esconde en su trabajo, para esconder sus carencias afectivas, debes de enfrentar las cosas con decisión con determinación, solo así lograrás salir de Oniria y podrás disfrutar de una vida diferente, tanto para ti como para tu familia, recuerda que tus hijos serán en parte lo que tú eres.

Jacinto se volvió a abrazar a su amigos y no dejaba de llorar, él era totalmente diferente a como la gente de su aldea pensaba, tenía un gran corazón pero lo tenía dormido, sentía tanto odio y rencor por lo que vivió en su infancia y adolescencia que se convirtió en una persona arisca e insegura.

Tenía miedo a que el pájaro verde se apareciera y el gigante pudiera hacerle daño, pero sabía que si quería tener algo que nunca había tenido, debía de hacer lo que nunca había hecho y eso significaba que debía de enfrentarse a sus miedos.

Conejo que lo miraba con su zanahoria entre sus dientes, sacó un reloj de su bolsillo y dijo:

- Bueno viajero, el tiempo se acaba, que camino será el que atravieses?

Jacinto se secó las lágrimas y contestó:

- Iré por el desierto, ya que no sé nadar y tardaría mucho tiempo en construir una barca con troncos grandes.

Los tres amigos se abrazaron para la que sería su despedida y Vincent dijo:

- Dirígete hacia el norte para salir de Oniria y no estés triste querido amigo, la amistad que es de verdad siempre es eterna, no importa lo lejos que estemos de las personas que nos importan, así que recuerda lo que te dijo Nereo, las personas nunca mueren ni desaparecen mientras se les recuerda.

Vincent se quitó un amuleto que llevaba en su cuello hecho de piedras de la isla de Oniria y se lo puso a Jacinto para que se acordara de él durante su peligrosa travesía.

Cruzó la línea donde empezaba el camino de la izquierda y empezó a caminar, volteó su cabeza para ver por última vez a sus amigos y poco a poco se fue alejando por el desierto, hasta que desapareció entre la neblina caliente.

Había llegado el momento decisivo, debía de cambiar su actitud en la vida, su esposa estaba cansada de soportarlo y sabía que si seguía así pronto se iría junto con sus hijos y ellos sufrirían las consecuencias de sus errores, pero para eso debía salir de ese sueño, no podía fallar aunque el miedo, la inseguridad y su poca paciencia, se lo iban a poner muy difícil.

De pronto algo majestuoso se empezó a acercar a una velocidad endiablada, al mirar hacia arriba Jacinto vio como una enorme nave espacial se detenía encima de su cabeza, no se lo podía creer, era la pirámide voladora que Kukulkán estaba esperando desde hacia cientos de años.

El hombre Maya empezó a hablarle desde la nave -Amigo, ten paciencia, aguanta, cree en ti y nunca te des por vencido – y la nave desapareció en un segundo de su vista.

Jacinto se quedó con la boca abierta y decidió proseguir el camino, mucho más motivado, por las palabras de Kukulkán, que esta vez definitivamente volvió con su pueblo Maya, para no separarse nunca más de él.

Al llevar un buen rato caminando se detuvo a beber un poco de agua, se dio cuenta que el desierto era demasiado grande y que no podía equivocarse de dirección, se acordó entonces, que cuando era pequeño su padre le enseñó a través de las estrellas que pintaban el cielo en las noches a distinguir el norte del sur y el este del oeste.

Era de los pocos recuerdos buenos que tenia de su padre y la primera vez se acordó de él sin rencor, ya que siempre lo culpó de todas sus desgracias desde que murió su madre. Él no fue una buena imagen para su hijo y aunque lo intentó, nunca tuvo el comportamiento correcto que un hijo debe de esperar de un buen padre.

Así, con ese buen recuerdo, esperó a que fuera de noche y empezó a caminar en la dirección correcta que las estrellas le indicaban hacia el norte.

Fue dosificando el agua que tenía y solo bebía cada dos horas un pequeño sorbo, el ruido de unas hienas hambrientas que le seguían los pasos empezaron a asustarlo, pero por primera vez en su vida, no se detuvo y pensó la manera de deshacerse de ellas y eso se consigue enfrentado al miedo.

Así lo hizo, encendió una pequeña hoguera y el humo y el fuego ahuyentaron a las hambrientas hienas.

Después de caminar toda la noche, por fin amaneció en el desierto, Jacinto siguió avanzando antes de que el sol y la calor fueran insoportables.

De pronto, al ir caminando, una sombra se posó sobre su cabeza y al mirar hacia arriba, estaba el temido pájaro verde, con sus enormes alas dominando el cielo.

Jacinto cogió una piedra del suelo y empezó a lanzarle al pájaro, pero era imposible alcanzarlo, estaba demasiado alto y era muy rápido.

Siguió caminando y vio que al menos la sombra del pájaro verde le protegía de la calor y el sol, se acercaba a veces y el gran pájaro le decía:

- No conseguirás salir de aquí, el gigante acabará contigo.

El seguia caminando decidido de una vez por todas a terminar con el sueño, sabía que era la única oportunidad de cambiar y recuperar las riendas de su vida.

Se fue quedando sin agua y sin la poca comida que tenía, pero por vez primera, estaba decidido a que nada lo detuviera a pesar del miedo que le tenía al gigante.

Al pasar otras cuatro horas encontró una gran roca y un poco más lejos un acantilado que debía descender para poder seguir su camino y eso sí que le creaba el mayor de los retos.

No tenía agua, comida, ni ninguna forma que le pudiese ayudar a descender por el acantilado.

Se sentó debajo de la gran roca para resguardarse del sol, y empezó a utilizar algo que todos llevamos dentro y que por una causa u otra casi nunca usamos, el sentido común.

Pensó que el gran pájaro verde, debería de cansarse y parar de volar.

Sabía que el único lugar seria la roca y esperó paciente hasta que eso sucediera.

Al pasar las horas ya casi anocheciendo, el gran pájaro verde exhausto por el vuelo, se fue acercando hasta que posó sus cansadas y enormes alas en lo alto de la roca.

Esperó a que bien entrada la noche se durmiera y se fue acercando poco a poco a donde dormia el pájaro verde, no podía asustarlo ni cometer

"La paciencia es la madre de la ciencia".

errores porque un zarpazo del ave podía ser fatal.

Se arrimó a él respirando muy despacio y empezó a acariciarlo como si fuera su amigo.

Entonces el pájaro se despertó y cual fue la sorpresa de Jacinto, que más allá de agredirlo le acercó su enorme pico y comenzó a rozarse con su hombro.

Se levantó Jacinto y le dijo al gran pájaro verde - Llévame a la cueva del gigante amigo.

La actitud de Jacinto desubicó totalmente al gran pájaro verde y de ser su mayor enemigo, pasó a ser alguien cercano para él.

Se subió en sus grandes alas y se elevó para dominar los cielos y de nuevo, fue cayendo empicado hasta la mitad del acantilado que era el lugar donde se encontraba la cueva del gigante.

Se bajó de las inmensas alas del pájaro verde y se quedó en la entrada gritando:

- ¡Gigante aquí me tienes, no te tengo miedo!

Entonces, sin apenas esperárselo se iluminó la cueva, Jacinto de quedó sorprendido, la luz era de un blanco tan hermoso que lo emocionó de tal forma, que un mar de lágrimas empezaron a caer de sus ojos formando un enorme charco, nadie le contestaba, hasta que al fin al mirar hacia dentro, vio una fuente de cristal azul que pendía sobre la pared

" El amor es la única arma que cuanto más disparas, más victorias consigues".

de la cueva y sin poder contener la emoción dijo:

- Esa debe de ser la fuente del perdón.

Al mirar hacia atrás vio a Nereo, Alba, Vincent y Zorro y el capataz dijo:

- Así es, ya tienes las tres fuentes.

- Enhorabuena Jacinto, has derrotado al gigante - decía Nereo felizmente .

- Pero si no hay ningún gigante – exclamaba Jacinto.

Nereo y sus amigos se fueron acercando a él y el capataz le dijo:

- Si lo había querido amigo, el gigante estaba dentro de ti, el gigante eran tus miedos, tu rencor, tu inseguridad y tu tristeza y por fin hoy los derrotaste, es hora de volver a tu casa, el pájaro verde te llevará a tu hogar.

Todos se abrazaron tan fuerte, que ese abrazo seria eterno.

Jacinto se subió a las enormes alas del pájaro verde y cerró sus ojos fuerte, cuando los volvió a abrir se vio tumbado junto a su carruaje y su inseparable amigo Misha.

Jacinto se levantó y abrazó a su gato y empezó a gritar:

- Te quiero Misha, vámonos a casa, volvamos con lo más importante que tenemos, la familia,

Así que se pusieron en marcha, corriendo en su carruaje hasta llegar a su casa.

En el porche de la vivienda, se encontraban Leonor junto a su hijo Victor.

Al llegar, dijo Jacinto:

- Leonor, Victor, dadme un abrazo.

Leonor se puso de pie y al ver la cara de felicidad de Jacinto le preguntó:

- ¿Amado esposo, que te pasó?

Jacinto, le dijo aupando a su hijo en sus brazos -Aprendí la lección más importante de mi vida.

- Pero que lección amado esposo?- preguntaba Leonor.

- La más importante amada mia, es seguro el mayor compromiso que haré en mi vida, amaros y haceros felices en lo bueno y en lo malo hasta que Dios quiera.

Los tres se abrazaron y Victor se agarró de algo que tenía en el cuello su padre y le preguntó

- ¿Papa esto que es?

Jacinto no sabía como el amuleto de su amigo Vincent seguía colgado en su cuello después de regresar del sueño en Oniria, pero sonrió y dijo:

- Hijo, esto me lo regaló mi amigo Vincent, maestro pescador y descendiente directo del primer poblador de la isla de Oniria.

      -¿ Isla Oniria y eso que es papá ?

      - Preguntó Victor.

      - Sí, isla Oniria, pero eso es una larga historia.

Fin

Consejos para los padres ✳

El efecto que causa el comportamiento de los padres en el ambiente familiar, lo comparo como un salón lleno de espejos, pues los hijos son la imagen proyectada de sus padres, los padres somos los espejos y nuestros hijos son el reflejo.

La educación encauza, desarrolla y controla lo que hemos recibido en herencia, por nacimiento. Si no se educa a la persona, nuestro ser humano queda semi-desarrollado, abandonado a su suerte, toda educación tiene tres factores esenciales:

- El hijo
- Los padres
- Y los ambientes que nos rodean (Escuela, amistades, modas, etcétera).

Porque por desgracia con frecuencia hay tantos (o más) papás-problema que hijos-problema. El grupo de amigos, los ambientes y la misma escuela, son lugares de fuga para las situaciones difíciles que soporta el joven; son como "salida" pero la solución comienza en la casa.

Necesidad de mirarse al espejo: Los espejos están hechos para mirarse y observarse. ¿Qué caso tendría que nos miráramos con los ojos cerrados? Así sucede en la educación: hay que saber mirarse al espejo en los hijos. Necesitas observarlos, porque ellos son tu imagen perfecta, no sólo en lo físico, sino también en los criterios y en la

conducta. Si no los observas, no podrás verte en ellos, no podrás corregirte. Mírate y aprende de sus errores porque son los tuyos.

Recuerda que sin tiempo no hay análisis , dedícales tiempo a tus hijos.......

Sé humilde, tienes que reconocer que tú también te equivocas, que a veces el hijo tiene la razón, aprende la lección, pide disculpas y rectifica. No olvides que tú fuiste como ellos, un día.

Espejos iguales para todos.
No cometas el error de aplicar diferente ley para ti que para tu hijo.

Ley diferente que apliques, ley diferente que te aplicarán tarde o temprano...

Preferencia que hagas, preferencia que destruye. Un día verás a tus hijos disgustarse, pelearse, y (quizás) odiarse. Basta que recuerdes el caso bíblico de José y sus hermanos, en el pozo

Que tu inconstancia no desoriente a tus hijos, aplica la decisión tomada, por eso, piénsala bien, no sea equivocada.

Ama la vida, ama a tus hijos. Es triste ver un espejo vacío, que no refleja nada, sólo algo muerto, inerte, hueco. Pobre del hombre que no tenga donde verse reflejado. No te olvides de cuanto dice el Señor en la Biblia:

"A imagen de Dios los creo". Somos sus espejos, Dios se mira en nosotros.
"Y Dios vio que todo lo que había hecho era bueno".

Ama a tus hijos como regalo de Dios...

En busca de un sueño

José Antonio Morante

Miami, Florida - USA
Septiembre 2015

Editorial Alhambra

Portada e Ilustraciones
Alynor Díaz Añez

Diseño Gráfico y Diagramación
Alynor Díaz Añez

Derechos Reservados
© José Antonio Morante, 2015

Reconocimientos

Quisiera dar las gracias a todas las personas que de una forma u otra han sido buenos espejos en mi vida, sobre todo a mis padres y hermanos, a mis amigos de infancia, a maestros y profesores, en especial a Bernardo Roa Guzmán que fue un maestro ejemplar, pero sobre todo a mi gran amigo Francisco Lozano Valdivia, que fue, es y seguirá siendo el mejor amigo que tendré en la vida, gracias por tu apoyo y cariño en los momentos malos y menos buenos, gracias por hacer felices a tantos niños a través del deporte en el Ciudad de Granada.

www.ingramcontent.com/pod-product-compliance
Lightning Source LLC
Chambersburg PA
CBHW081237280526
45787CB00006B/2700